Couvertures supérieure et inférieure
manquantes

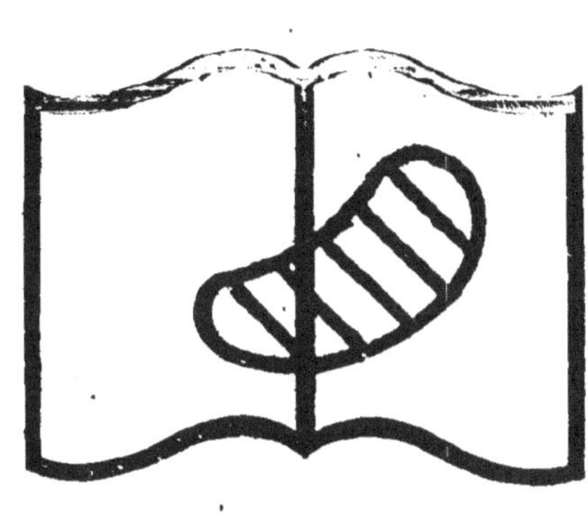

Illisibilité partielle

VALABLE POUR TOUT OU PARTIE DU
DOCUMENT REPRODUIT

TRAICTÉ

ENSEIGNANT QUE C'EST QUE LE CARESME : ET LA manière de l'obseruer Chrestiennement & salutairement.

AU ROY, ET A SA COVR.

Par M. René Benoist, Confesseur de sa Majesté.

À PARIS,

Chez Pierre Chevallier, au mont sainct Hilaire, à la Cour d'Albret,

M. DCIII.

AVEC PRIVILEGE DV ROY.

QVE C'EST QVE LE
CARESME.
AV ROT, ET A S.A COVR.

LE Caresme est vne saincte action de la religion Chrestienne, plaisante & beaucoup aggreable à Dieu eternel, & tres vtile à tous ceux qui l'obseruent fidellement & deuotement. Le Caresme est le fondement de toutes vertus, assugetissant & faisant obeir la volonté à la droicte raison. Le Caresme oste le peché, auance les vertus & remet ou auance les hommes en toute saincteté & iustice retenant au chemin du salut eternel. Le Caresme chasse & surmonte les esprits malings & immondes, reprimant la chair & eleuant l'ame à Dieu eternel, duquel separent les commessations, les voluptez charnelles & les plaisirs du ventre, lequel est le siege & la force de satan, & le dieu & la gloire des atheistes charnels infidelles & libertins. Le Caresme a fondement en la loy de nature, en la loy escripte, en la loy Euangelique, & en l'ordonnance du S. Esprit, lequel l'a tousiours faict garder & obseruer diligemment en l'Eglise de Iesus-Christ : Ce que n'eust esté, s'il n'estoit fondé en la droicte raison, en la parole de Dieu, & en la foy, & és bonnes mœurs. Le Caresme nous faict suppleer & recompenser les negligences du reste de droict des festes particulieres des Sainéts. Le Caresme est la moisson des vrais Chrestiens, lesquels en iceluy produisent auec toute abondance a Dieu eternel (pour la gloire & seruice duquel nous sommes tous faiéts) toutes sortes de bons & louables fruiéts, de leurs ames, de leurs corps, & de leurs richesses: se faisant & amassant ainsi vn riche & eternel thresor au ciel, comme il est enseigné par Iesus-Christ en l'Euangile du premier iour de Caresme,& y est souuent repeté.Le Caresme est la semence & le plant de toutes Sainctes & bonnes œuures,par les predications,par les assidues prieres,par les receptions des Sacrements, & par toutes sortes de benedictions diuines sacerdotales & par l'exercice de plusieurs macerations, mortifications ieusnes & ceremonies ecclesiastiques. Le ieusne de Caresme est la disme du temps de toute l'anee, comme les ieunes de quatre temps en sont les premices, & les ieusnes des Vigiles des Sainéts en sont comme les oblations: estans volontaires & deuots sacrifices de nostre prompte & fidele obeissance au S. Esprit, en la religion & profession Chrestienne. Car si le temps lequel est vn don singulier de Dieu eternel auquel il en faut rendre compte selon que nous l'auós bien ou mal employé,contient & mesure les choses desquelles Dieu nous demande la disme, combien a plus forte raison est il decimable en luy mesme, les plus grands dons demandant iustement vne plus grande recognoissance; comme les plus grands & superieurs sont plus redéuables & comptables, & auront vn plus seuere & rigoureux iugement que le peuple? Le Caresme faiét iustement que l'homme

selő son excellente cődition entre les autres creatures, fructifie aussi le premier pour la gloire de Dieu
éternel createur Seigneur & prouiseur de l'vniuers
au commencement de l'annee, laquelle Dieu faict
souuent estre telle a l'homme, pour lequel elle est
ordonnee, que iceluy luy aura esté au temps de Caresme, estably pour qu'il y fructifie & serue à son
Createur de touté sa substance. Car le nombre de
quaräte, & par cősequent le sainct têps de Caresme,
selon l'opinion & la sentence de tous les anciës con-
tient quelques grands secrets & mysteres tant de la
nature que de la foy & de la religion, lesquels les
hommes sçauants diligents & spirituels, peuuent
facilement & souuent remarquer tant en l'escriture
saincte, que és sainctes & prudémmét instituees cé-
remonies traditions & religieuses ecclesiastiques
obseruations, lesquelles il ne faut ny aucunement ré-
ietter, ny aussi temerairement les cőtemner & cen-
surer: ains il faut s'humilier & prier Dieu, pour en
auoir vne saine & veritable intelligence, pour y ad-
herer fidellement, & en faire vne deuote & salutaire
profession, fuiant l'orgueilleuse & temeraire pre-
somption de ceux qui priuez de l'esprit de Dieu eternel, blasphement & reiettent damnablement tant le
sainct temps de Caresme dedié & consacré specialement au seruice de Dieu eternel & pour ceste cause
obserué par Iesus-Christ que plusieurs autres choses sainctes & vtiles par ce qu'ils les ignorent, ne
croyant & ne goústant que ce qu'ils voyént & sen-
tént exterieurement & corporellement cőme bestes
brutes. Le Caresme, a & nous faict auoir vne similitude & vne imitation de Iesus Christ, lequel incon-

tinent qu'il fut baptizé il fut mené par le S. Esprit au
defert pour y vaincre en ieufnant pour nous & nous
meriter par fon ieufne la grace & la force que à fon
exemple & imitation nous vainquions le diable, autheur de tout mal, lequel ayant au defert du Paradis
terreftre vaincu nos premiers parens par le manger
defendu, il eftoit bien raifonnable qu'il fuft vaincu:
& ainfi auffi qu'il fut fatisfait à la Iuftice diuine par le
charitable & volontaire ieufne de Iefus Chrift filz de
Dieu eternel faict homme pour nous & pour noftre
falut & exemplarité, nous eftant voye, vie & verité.
Ce que n'eftant ny Moyfe, ny Elie, le ieufne de Carefme n'a efté commandé au peuple à leur imitation,
mais bien de Iefus Chrift feul mediateur, pacificateur
& reconciliateur de Dieu & des hommes, defquels il
eft le chef & le Roy, le redempteur & le iuftificateur
fuffifamment pour tous mais efficacemét pour ceux
là feulement qui le fuiuent & l'imitent par vne foy
& obeyffance perfeuerante. Faict a ce propos que en
l'admirable transfiguration d'iceluy Iefus Chrift, luy
feul demeura & apparut aux Apoftres quand la voix
de Dieu le Pere fut ouye du Ciel difant, ceftuy-cy eft
mon filz bien aymé efcoutez le, Moyfe & Elie eftans
difparus. Le Carefme eft de la doctrine & de l'enfei-
gnement du S. Efprit, lequel a toufiours ainfi parlé
& commandé par l'Eglife, c'eft à dire par la prelature
ecclefiaftique & hierarchicque fa bouche & fon or-
gane difant par vn decret & par vne loy inuiolable:
*Quatre temps, Vigiles ieufneras & le Carefme en-
tierement.* Ce que tous les ans les Chreftiens & les
Saincts a prefent bien-heureux au ciel ont obferué
fidellement, n'eftimant cefthuy là eftre falutairemét

Chreſtien lequel n'ayant raiſonnable & legitime
empeſchement ne ieuſnoit le Careſme, duquel la
raiſon la cauſe & la fin ſe preſentant tous les ans, ils
le ieuſnoient tous les ans, comme tous les ans lon
celebre les feſtes pour memoire des diuins benefices, leſquels il ne faut iamais oublier. Or entre
iceux diuins benefices, la victoire de ſatan & de noſtre deliurance de la puiſſance & tyrannie d'iceluy
faicte & remportee par Ieſus Chriſt ieuſnant au deſert & cômuniquee à ſon Egliſe ne doit iamais eſtre
oubliee, mais celebree tous les ans auec actions de
graces & imitatiõ requiſe en la celebratiõ des feſtes:
car c'eſt le moyé d'en participer le bié, le fruict & le
merite. Et ne doit nous en retirer celuy qui diroit,
que Ieſus Chriſt n'a ieuſné qu'vne fois le Careſme (ce
ij toutesfois n'eſt eſcrit) car iaçoit qu'il ne ſoit mort
qu'vne fois, nous ne laiſſons de celebrer ſa paſſion
tous les ans: & faiſons à tous le moins tous les ans la
ſaincte Cœne, laquelle il n'a faict qu'vne fois. Or il
nous doit eſtre aſſez pour nous aſſeurer & reſoudre
tât en ce propos & preſent ſujeCt, côme en pluſieurs
autres non aſſez particulierement exprimez, decla-
rez & ſpecifiez en l'eſcriture Saincte, que ſouuent
iceluy Ieſus Chriſt nous commande de le ſuiure &
imiter: nous eſtant declaré par le Sainct Eſprit, lequel ſelon ſa promeſſe enſeigne toute verité en l'E-
gliſe, quant, comment, & en quoy nous le deuons
imiter pour ne cheminer en tenebres, eſtant la lu-
miere de la vie preſente par grace, & eternelle par ſa
gloire & claire manifeſtation. Faict à ce propos qu'il
a dict que quand il s'en ſeroit allé ſes diſciples & fide-
les Chreſtiens ieuſneroient (ce qui diſtingue & fait

cognoiſtre les enfans de Ieſus Chriſt d'auec ceux de ſatan) comme auſſi que le diable eſt chaſſé & vaincu par le ieuſne & par l'oraiſon, qui ſont les deux choſes leſquelles il fit au deſert principallemét, & eſquelles nous deuons le ſuiure & l'imiter aſſiduement au S. temps de Careſme ſpecialement. Car comme tout eſtant a Dieu il ſe contente d'auoir la diſme, les premices & volontaires oblations auec noſtre bon viſage du reſte: Ainſi eſtans tenus de luy ſeruir en ſainéteté & iuſtice tout le temps il ſe córente né l'offencant tout le reſte de l'annee, de l'auſtere vie & plus parfaicte au ſaluét temps de Careſme. Le Careſme eſt le temps de la gueriſon des malades, tant córporellemént que ſpirituellemént : Il eſt le temps de la reduction des deſuoyez ſoit en la foy où és mœurs: Il eſt le temps de la correction des exces paſſez: Il eſt le temps de la pure & plus eleuee meditation & de la plus profonde contemplation : Il eſt le temps de penitence : Il eſt le temps des plus ſainétes & ſalutaires oraiſons: Il eſt le temps de la victorieuſe bataille contre les malins eſprits, leſquels pour ceſte cauſe comme eutagez tourmentent & rendent furieux & comme demoniaques ceux qu'ils poſſedent, quand le Careſme approche: Comme les brigands & voleurs fuient & ſe cachent eſtant faſchez quand le iour vient. Il eſt le Catechiſme l'inſtruction & la ſemence de ceux qui commencent à bien faire, il eſt l'ayde & l'aduancement de ceux qui fructifient & profitent, & eſt la fertile & l'abondante moiſſon des parfaicts Chreſtiens, leſquels au téps de Careſme ſe parfont en toute ſorte de bonnes & ſainctes œuures: eſtant pour ceſte cauſe dit le temps Sainét, le iour

de ſalut

de salut, & le temps acceptable : Par le moyen duquel nous sommes vestus de la belle robbe nuptiale,
pour estre assis salutairement & glorieusement à la
table de Dieu eternel auec les saincts Anges (lesquels
seruirent a Iesus Christ apres qu'il fut vainqueur de
Satan par le ieusne) à la feste de Pasques, y estans
faicts concorporels auec Iesus Christ, estans chair de
sa chair, & os de ses os, par la reelle prinse & mandu-
cation de luy mesme en l'hostie Sacree, pour ainsi
luy estre aggreables & heureux toute l'annee: qui est
la fin du Caresme, de laquelle sont iustement priuez
mal-heureusement par eux mesmes, tous ceux qui
ne font le Caresme, par negligence & paresse ou autrement ne croyant y estre obligez, ains l'estimant
estre vne Inuention humaine, & vne chose indiffe-
rente, estans charnels, mondains, libertins & infidelles.

Le moyen qu'il faut tenir pour faire bien, & salutaire-
ment obseruer le sainct temps de Caresme.

PVisque faire bien le Caresme est imiter & suiure Iesus Christ, lequel le voulant instituer &
le sanctifier il fut mené par le Sainct Esprit au desert: Il est de necessité si nous voulons a son exemple bien & salutairement faire le Caresme, nous pu-
rifier & sanctifier par le mesme Sainct Esprit, contraire à l'esprit de la chair du monde & de Satan, vi-
uãt tout autrement que nous auons de coustume au
monde, ce temps plus sainct demandant vne plus
saincte conuersation & vie: Ce qu'est aller au desert,
y estant conduits par l'esprit de Dieu eternel, lequel

est recogneu & opere sainctement en ses obeissans
enfans lesquels ayãs sa similitude ils ne sont du monde estans au monde, contre lequel & son prince Satan ils bataillent specialement au sainct temps de
Caresme. Car Dieu eternel qui est la sainctete veut
estre serui & recognu, & Iesus Christ le sainct des
saincts veut estre imité sainctement en la profession
& exercice de la saincte religion Chrestienne, l'vn
des plus grands & plus profonds mysteres de laquelle, qui est la deliurance du genre humain de la
tyránie du Diable, faicte par le ieusne de Iesus Christ
medecine & satisfaction du peché contracté par le
manger defendu à noz premiers parens, nous est representé & proposé au sainct temps & ieusne du caresme. C'est ce que nous enseigne le sainct Esprit le
Dimanche de la Quinquagesime par l'Eglise disant,
que sans la charité & la grace de Dieu nous ne pou-
uions faire aucune chose qui nous soit salutaire &
meritoire de la vie eternelle, soit en & par ieusnes
aumosnes oraisons ou autrement, estant necessaire
que la personne soit aggreable à Dieu pour qu'il accepte & ait ses œuures aggreables. C'est pourquoy
dés le commencement du caresme, l'Eglise tasche a
nous faire auoir la grace de Dieu par humiliations
en cendre & en sac, par absolutions, par benedictiõs
sacerdotales, par predications & exhortations de
nous proposer en nous mesmes les fin. dernieres,
qui sont la mort corporelle, le iugement de Dieu, &
la gloire & la peine eternelle, afin que a tout le
moins en ce temps de caresme temps acceptable d'e-
xaudition & impetration nous bataillions virille-
ment & vertueusement a l'imitation de Iesus Christ

noſtre Roy, en y enſuiuãt noz ſainctsPeres les ſaincts
bien heureux, côtre les eſprits diaboliques, & contre
toutes les deprauatiõs & corruptiõs leſquelles Satan
a mis au monde & en noſtre propre chair. Car ainſi
faiſant nous participerõs, luy eſtás côformes, à la victoire de Ieſus Chriſt réportee par le ieuſne de careſme eſtás bien-heureux & ioyeux en noz côſciences,
y eſtans remplis de la grace de Dieu eternel par ſon
moyen, comme il fut ſerui par les Anges ayant rem-
porté la victoire de Satan, ſurmontant toutes ſes
tentations par la vertu de la diuine parole qui eſt le
glaiue du ſainct Eſprit eſtans armez du bouclier de
la foy. Pourquoy eſcoutant & apprehendant le ſon
des trompettes Euangeliques qui ſont les prudens
predicateurs exhortans au ieuſne de careſme ſuyuãt
noz ſain
cts Peres, croyons l'obligation de ieuſner le
careſme, & le cômandemét qui en eſt faict à tous leſquels n'en ſont empeſchez legitimement & excuſez
raiſonnablement, l'execution de ceſte loy & obligation demandant vne grande prudence neceſſaire &
particuliere. Allons donc au deſert, ſuiuant Ieſus
Chriſt, ieuſnant ſpirituellement, corporellement,
& autant que nous pourons politiquement & œco-
nomicquement laiſſant noz ordinaires manieres de
viure en manger, en boire, en dormir, en recreations
humaines, & meſmes en actions politicques: Conſi-
derant que l'Egliſe laiſſe les chans & les canticques
ſpirituels accouſtumez en autre temps, nous propo-
ſant choſes propres pour nous auãcer a vne vraye penitence, augmentation de grace, & vne neceſſaire
diſpoſition au grand iour & feſte de Paſques, pour y
participer Ieſus Chriſt dignement, auec ſa ſatisfa-

ction & fon merite. Laiffons donc noz compagnies
ioyeufes permifes en autre temps, apprehendant
que l'Eglife au commencement du carefme aduertift
mefmes les mariez de coucher à part : Comme auffi
que Moyfe & Elie eftoient feparez du peuple quand
ils ont ieufné le carefme, & receu la loy & les re-
uelations diuines : Et que noftre Seigneur Iefus Chrift noftre chef & exemplaire, ieufnant le carefme ne couchoit en lict ny au couuert, ains fe re-
pofoit fur la terre auec les beftes, pour ainfi faifant
deliurer de la puiffance de Satâ le genre humain per-
du & faict fon efclaue par le manger de noz premiers
parens, faict contre le commandement de Dieu par
& auec defobeiffance orgueilleufe & voluptuaire.
Or ce n'eft donc pas affez pour faire bien le carefme,
d'ouïr (& fouuent, ô mal ! plus curieufement & hu-
mainement, que Chreftiennement & vtilement)
les predications : Mais il les faut retenir, & les execu-
ter auec patience & penitence. Car la foy doit fructifier toutes fortes de bonnes œuures, en l'ame au
corps és richeffes & chofes externes, afin que nous
adorions noftre Dieu de toute noftre fubftance en
ce fainct temps de carefme fpecialemét, fi nous voulons qu'il nous donne entiere profperité, tant en
nous, que en ce que nous appartient, tout le refte de
l'annee : difant Iefus Chrift, que ceux qui deuant
toutes chofes & premierement cerchent le royaume
& la iuftice de Dieu, auront toute profperité. Comme au contraire ceux qui ne font le carefme, font
mal-heureux le refte de l'annee, ne moiffonnant par
ce qu'ils n'ont labouré & femé en temps oportun &
ordonné, qui eft le fainct temps de carefme.

II

Raisons excitantes à Jeusner & celebrer le S. temps de Caresme pour estre vrais enfans de l'espoux Jesus Christ.

NOstre maistre & Seigneur IesusChrist finissant son duel pour la defence de son ieusne Quadragesimal, contre Satan seducteur & destructeur de noz premiers parens & de tout le genre humain par le manger deffendu, par l'escriture laquelle commande l'adoration & le seruice du seul Dieu eternel, me semble auoir assez monstré que le ieusne de caresme est vn seruice de Dieu eternel, lequel il retribue & recompense en ce monde & en l'autre: Comme aussi l'eglise enseigne la mesme chose en l'Euangile du premier iour du caresme commandant iceluy ieusne & en declarant la forme & la maniere en vne façon contraire au peché de noz premiers parens faict auec desobeissance orgueil & volupté charnelle. C'est que le S. Esprit a tousiours enseigné & faict practiquer en l'Eglise Chrestienne, de l'orient en l'occident, & du midy au septentrion, qui est vn argument d'vne diuine approbation & confirmation du sainct & afflictif ieusne de caresme. Car est il probable que toute l'Eglise par vn consentement vniuersel, de tout temps & en tout lieu eust receu approuué & commandé vne telle charge quelle est le ieusne de caresme, sans y estre diuinement inspiree & poussee ? Pourquoy ie ne craindray affermer que comme la diuine Messe, ainsi aussi le S. caresme bien prins & bien entédu est vn abregé, & vn cópendium de toute la religion Chrestienne, & de tout ce qu'a faict pour nous Iesus Christ, y obseruant quelques proprietez. Car en la diuine Meſſe nous y obſeruõs principalement noſtre redéption & recõciliation faicte par vn merueilleux exces de bonté d'vn vehement amour & d'vne tres-grande charité auec Dieu eternel par la paſſion & le ſang de Ieſus Chriſt, mais au ſainct ieuſne de careſme nous obſeruons & celebrons auec action de graces principalement la victoire laquelle il a remportee de Satan en ieuſnant, pour deliurer de ſa tyrannie & puiſſance le genre humain faict ſon eſclaue par le manger defendu, de laquelle victoire ſont efficacement faicts participants ceux leſquels a ſon imitatiõ, & obeiſſant à ſon Egliſe ieuſnent & celebrét le ſainct temps de careſme auec vne foy & prudence : La foy nous en faiſant & enſeignant la loy, & la prudence qui eſt le cocher de toutes vertus nous dreſſant & cõduiſant en l'execution d'icelle loy, ſelon la raiſon és particularitez, la grace n'eſtant donnee pour deſtruire mais pour parfaire la nature, aydant la bonne volonté laquelle Dieu accepte tant au ieuſne que en toutes autres choſes : Comme auſſi il reprouue & condamne les ſimulez & hypocrites, ne pouuant eſtre trompé & ne voulant eſtre mocqué, ains ſerui d'vne ſincere deuote & prompte volonté. Le ſainct temps de careſme (lequel pour eſtre dignement bien & parfaictement celebré obſerué & ſanctifié demande le ieuſne ſpirituel & le ieuſné corporel & le ieuſne politic & œconomic) eſt vn vray ſeruice recognoiſſance & adoration de Dieu eternel, auquel nous luy deuons fructifier de toute noſtre ſubſtance, ſçauoir eſt de noſtre ame de noſtre corps & de noz richeſſes, nous reueſtant ainſi cõtre la deprauation mõdaine és delices de

l'ame du corps & des vestemens par vne vraye penitence & reformation Chrestienne de la belle & bien
seante robbe nuptiale pour nous presenter dignement & salutairement au banquet de nostre Dieu à
la feste de Pasques, *vt mysticè Pascalia capiamus sacra-
menta*, y estant aucunement requise vne plus grande
disposition que en vn autre temps, encore que vne
mesme chose y soit receue: Ainsi le iour du Dimeche
demande vne plus grande saincteté que les autres
iours. Le sainct temps de caresme est la medecine
de noz ames & de noz corps: Le sainct temps de caresme nous est vne semaille de toutes bônes œuures
pour toute l'annee, comme la terre emblauée & se-
mée en temps conuenable produit & fructifie en sa
saison, ceux qui ne font le caresme ressemblans a la
terre laissee en friche laquelle ne produit bon fruict
tout le temps de l'annee: Pourquoy comme la terre
doit estre labourée & semee tous les ans, ainsi tous
vrays & vertueux Chrestiens doiuét faire le caresme
qui est le temps du labourage de la Chrestiété, estant
és ames ce qu'est la fleur és arbres au printemps. Le
sainct temps de caresme est vne moisson fertille des
graces diuines aux profittans & aux parfaicts pour
les auoir en augmentation & en plusieurs diuersitez
comme les diligens laboureurs moissonnent toutes
sortes de fruicts corporels en leur saison. Le sainct
temps de caresme nous est vne guerre ouuerte contre les diables, lesquels nous veulent deuorer & empescher de faire les bonnes œuures, tant de penitence que de iustice necessaires à salut: Côme l'enseigne
l'Eglise le iour de la Septuagesime, a celle fin que par
a grace & a l'imitation de Iesus Christ, & par l'ayde

& la participation de la victoire de son ieusne, ieusnant apres luy & conduicts par son sainct Esprit, d'vn
ieusne accompagné de toutes loüables vertus comme il est escrit. *Esa. 58. &c.* nous remportions la victoire & eschappions la tyránie des esprits malings,
ausquels les desirs & les concupiscences de la chair
& du ventre nous ont assubiettis & rendus esclaues.
Voyla pourquoy sçachát la puissance du ieusne principallement quadragesimal, sanctifié consacré &
rendu efficace par le ieusne de Iesus Christ, les Diables raschent tant qu'ils peuuent à faire ou que nous
ne facions le caresme, ou bien que nous ne le facions
comme il faut : n'y apportant (dequoy se plainct S.
Bernard) *neque pinguedinem deuotionis, neque hilaritatem
conscientia* : y estás languides tiedes & froids, ce qu'est
dangereux. C'est pourquoy ils procurent & excitent
tant de desbauches & d'abominations quant le caresme leur ruine & eiection est proche, estans comme enragez & furieux *quia habent tempus breue Apec.
12. c.* Car comme ils sont confus & chassez par le si-
gne de la croix, & par l'hostie sacree, n'en pouuant
enduter ny soustenir la force & la vertu; Ainsi le sont
ils par la saincteté du caresme sanctifié & consacré
par Iesus Christ, & contraire à leur puante corruption des humiditez du ventre où ils se plaisent, ne
trouuant repos *in locis aridis*, qui sont les ieusnes lesquels pour ceste cause ils empeschét tant qu'ils peuuent y tentant d'auantage a tout mal ceux qu'ils pos-
sedent. Ce n'est certes à mon aduis sans grande raison, que le mysticque nombre de quarante tant cé-
lebré & souuent mysterieusement representé és
escritures saintes, a esté choisi par Iesus Christ en son
ieusne

ieufne: Et depuis par la côduite du sainct Esprit a esté
tousiours suiui & pratiqué par l'Eglise. Car en ce
temps icy qui est le cômencement de l'annee, l'homme faict pour la gloire de Dieu lequel a ordonné les
autres choses pour son vsage, doit le premier y de-
uançeant raisonnablement selon sa dignité & pree-
minence les autres creatures, produire toutes sortes
de bons fruicts, de tout ce qu'il est, & de tout ce qu'il
a, pour la gloire de son createur Seigneur & prouiseur de l'vniuers, à cellefin que cerchât ainsi premierement le regne & la iustice de Dieu cause & auteur
de tout bien, il soit heureux sain & ioyeux en luy
mesme tout le reste de l'annee, y receuât & iouissant
paisiblement des fruicts des creatures ordonnees
pour son vsage, comme il est pour la gloire de Dieu
eternel: obseruant ses dix paroles & saincts côman-
dements par les quatre saisons de l'an, par vne charité & viue foy enseignée par les quatre Euangelistes,
par la vertu de laquelle aydez du sainct Esprit, nous
sacrifions a nostre Dieu noz quatre complexions ou
humeurs, qui sans l'ayde de sa grace nous font offen-
cer Dieu, qui sont le sang, la cholere, la melancho-
lie, & la paresseuse pituite: nous y redressant par vne
vraye penitence, & nous y fortifiant contre les tentations de nostre ennemy Satan afin que l'ayât vaincu par la fidelle obseruation du caresme nous soyons
resiouis auec Iesus Christ lequel resiouit ceux qui le
suiuoyêt & escoutoiêt sa parole ieusnât au desert les
refectionnant par la multiplication des pains & des
poissons ce que l'Eglise nous propose en caresme
pour nous exciter a le faire & le celebrer courageu-
sement constamment & patiemment. Voyla pourquoy en ce sainct temps de caresme les predications

(qui sont diuines trompettes de la guerre milice &
armee Chrestiéne) sont ordinaires, comme en iours
saincts & solennels à celle fin que nous y soyons ad-
uertis encouragez & excitez à batailler virilement
contre toutes tentations, par le bouclier de la foy, &
l'espee du sainct Esprit, qui est la parole de Dieu, medecine & preseruation diuinement ordonnee contre
toutes tentations & maladies principallement spiri-
tuelles. Ce que cognoissant & craignant Satan, il empesche tât qu'il peut la sincere & edificatiue predication & ouye d'icelle diuine parole, par pernicieuses
curiositez au peuple, & par vanité és predicateurs,
qui s'ayment & se cerchent plus que Iesus Christ &
le salut du peuple en leurs predications, faictes plus
politiquement & mondainement que Chrestien-
nemêt & charitablement, & ainsi sans grand fruict:
ressemblant au Soleil de Mars lequel esmouue les
humeurs lesquels il ne desseiche par faute de chaleur
suffisant comme ceux-cy n'ont efficace de conuertir
tant les pecheurs que les errans, par faute de charité
Chrestienne. Iesus Christ ayant vaincu Satan par
son ieusne Quadragesimal, le caresme à tousiours
esté obserué & solennizé par tous les saincts & vrais
enfans legitimes de Iesus Christ & de l'Eglise saincte
& Catholique son espouse. Iusques à ce que Satan
desflié, la foy defaillant & l'iniquité abondant, ce ma-
ling esprit enhemy de Iesus Christ & enuieux de nostre salut, a eu puissance de seduire les infidelles mondains charnels gastrolatres philaphtes & hypocrites,
signifiez par Gog & Magog. Apocal. 20.c. Destrui-
sant en iceux ses esclaues & seruiteurs les œuures de
Iesus Christ lequel l'auoit vaincu par son ieusne &

chassé par la vertu de son S. Esprit, & la force de la foy
& la predication de l'Euangile & de son S. ieusne. Car
a la fin du monde, temps de seduction efficace & de
toute corruption, Satan doit regner auec vertu &
puissance au monde, & faire cesser la vraye religion
Dieu le permettant iustement a cause des pechez des
hómes libertins infidelles desobeissans a Dieu, moc-
queurs & abusents de sa parole, lesquels ont leur vé-
tre pour Dieu, estans plus amateurs des voluptez
charnelles que de Dieu eternel lequel confessant de
bouche ils le renient de faict, estans scandales, arbres
deux fois morts & autumnales inutiles & non verba-
les frugiferes. Pourquoy il sera difficile de s'y sauuer
à cause de la commune corruption, mais ce qu'est de
Dieu demeurera, les Aigles se régeant auec vne constante & fidelle obeissance en toute la profession de
la religion Chrestienne mais principalement ou sera
le corps mystic de Iesus Christ, qui est son Eglise
saincte & Catholique la hierarchie sacerdotale, siege
& demeure du S. Esprit, lequel les assistera & forti-
fiera pour celebrer bien le sainct temps de caresme,
certain seruice de Dieu & exercice de la Chrestienté, Comme il assista Iesus Christ, les conduisant
à leur maniere au desert, & les faisant euiter & surmonter tous empeschemés de faire bien le caresme,
se móstrát ainsi estre pelerins & estágers en ce monde ayant leur conuersation desia au ciel: Ce que doit
estre faict de tous Chrestiés à tous le moins au sainct
temps de caresme, estant tousiours & continuel-
lément faict par les vrais religieux & moynes au desert de leurs conuents & cloistres, chemin du ciel. En
quoy il faut suiure & obeir l'Eglise, ne se flattant &

ne se laissant flatter & trôper par les adulateurs pro-
xenetes de Satan aduocàts & procureurs du vertre
regne des esprits immondes, chacun estant son propre iuge de sa puissance ou impuissance en sa côscien
ce, ne se fiant trop és dispences dónnees trop lege-
rement sans raison & sans cause. Ce que deuróient
d'auantage apprehender les Superieurs, & toùs ceux
lesquels donnent conseil pour l'estat des côsciences:
Côsidetant que Dieu dict qu'il n'aduouera ains mau-
dira les benedictions mal à propos donnees: Et cela
tant pour eux mesmes que pour leurs subiects, desquels quelques vns fort & trop negligens & peu affectez en ce qu'est de leur salut, ne croyant que par
forme d'inuentaire, ils pensent estre exempts & di-
spensez de ieusner le caresme, & de manger chair,
menant vne vie libertine & licentieuse, parce qu'ils
ont vn peut escrit & papier de dispense souuent ob-
tenue surreptisement, & en trompant leur prelat &
eux mesmes. Il ne faut donc pas se flatter ne croire
les flatteurs ennemis de la croix de Iesus Christ, lesquels & tous ceux qui les croient sont cohfus (disant
l'escriture, *Si hominibus placerem, seruus Christi non
essem &c.*) estans mesprisez de Dieu eternel autheur
de la verité & de la saincteté du caresme, la disposition determination & ordonnance duquel comme
de plusieurs autres choses necessaires a salut, ayant
laissé a son Eglise, laquelle il enseigne par son S.
Esprit (par lequel Iesus christ fut mené au desert
pour y ieusner, & en ieusnant surmonter les diables
noz ennemis) il est necessaire que ceux qui desirent
celebrer salutairement le sainct temps de caresme,
luy adherent par foy & obeyssance entiere suyuant

les sainꝰ bien-heureux au ciel & non les deprauez
& errās de noz derniers temps tres-dangereux: Con-
siderant qu'elle n'est vne rude & austere marastre,
mais vne douce facile & amiable mere à ses enfans,
comme Sara à Isaac, & Rebecca à Iacob. Or icelle E-
glise enuoye des laboureurs & des semeurs, & demande vne bonne prompte & obeyssante volonté
au peuple plaisant à Dieu par vne foy Esperance &
charité constante & opereuse, afin que comme la
terre se laisse labourer, Ainsi les Chrestiens soyent
purifiez & sanctifiez en leur esprit ame & corps,
pour apporter la robbe nuptiale tissue & faicte de
toutes sortes de vertus, *In azimis sinceritatis & verita-*
tis, au banquet de Iesus christ pour sa gloire, à laquelle il faut tout referer a ce grand iour de Pasques,
& au grand & dernier iugement de Dieu eternel lequel se plaist beaucoup au ieusne & en toutes autres
solennitez & obseruations legitimes du sainct temps
de caresme. Or pour auoir vn tel bien il se faut humilier, soyent superieurs ou subiects: Ceux la enseignant & conduisant *verbo & exemplo* & ceux-cy se
laissant conduire par vne vraye charité & obeyssance deuote, afin que tous estans sanctifiez & purifiez
de toutes corruptions, ils portent bons fruicts tout
le sainct temps de caresme comme la vigne taillee v-
ne fois, & comme le champ labouré au commencement de l'annee & nettoyé de pierres, rontes & her-
bes, rend le fruict de la semence receue en sa saison.
Voyla pourquoy l'Eglise au commencement du caresme recommande la penitence & la charité, disant
que sans icelle rien ne profite: & enseigne les moyẽs
de l'auoir, tant par la reception des sacremens, &

l'ouye de la parole de Dieu, diuine semence, que par diuerses ceremonies, taschant ainsi nous rendre agreables a Dieu comme le simple & iuste Abel lequel ne diuisoit ses actions comme Cain par vne infidelle philaphtie, ains se dônoit du tout a Dieu eternel par vn fidel seruice & vne saincte adoration: afin que par ce moyen noz ieusnes noz oraisons noz meditations noz aumosnes & toutes noz autres bonnes actions luy estans plaisantes, il nous augmente ses graces, & nous benisse toute l'annee en nous & en tout ce que nous appartient, estant comme Iesus Christ par le ieusne victorieux, nous soyons assistez des Anges, & faicts compagnons associez & participans de la charité des dons & graces de tous les saincts tant encores icy mortels, que desia glorieux au ciel, viuant spirituellement de ioye d'amour & de chaleur seruant à Dieu en tout temps mais principalement au sainct caresme par vne feruente deuotion & non par aquit, & comme contraincts sans vne requise ioye & allegresse d'esprit, estans sans comparaison plus affectez au seruice du diable és vanitez & voluptez charnelles és theatres comedies & magies que au seruice de Dieu eternel, comme si la foy & la religion estoit fable & police, & le seruice du diable la saincte religion & la beatitude. Que chacun s'examine, & il cognoistra s'il est de Dieu ou du diable de sa propre affection. Cela nous est monstré en tout l'office ecclesiastique depuis Pasques iusques à la pentecoste y receuant augmentation nouuelle du S. Esprit selon que nous nous y sommes disposez nouuellement le sainct temps de caresme à l'imitation de la terre laquelle est tous les ans labouree de nou-

ueau pour produire nouueaux fruicts en abondáce.
Pourquoy ie cócluray que noz fruicts doiuent pro-
ceder de la semence diuine qui est la parole de Dieu
par foy esperance & charité, en obeissance jhumilité
& patience, nourrissant en nous Iesus christ spirituellement par toutes sortes de bónes œuures, comme
le feu est nourry és lampes par l'huile: mais principalement nous deuons imiter Iesus christ allant au desert par la conduite du sainct Esprit, nous separát des
negoces mondaines & seruiles pour nous employer
y estans aydez & eleuez par le ieusne & la chasteté à
la cósideration meditation & participation des gráds
mysteres qui nous sont representez en ce sainct téps
de caresme: Comme sont principallemét le ieusne de
Iesus christ & sa victoire par iceluy laquelle est re-
memoree le Dimanche des Rameaux, pour nous
monstrer que c'est le subiect principal du caresme:
Le nouueau testament en la loy de charité au sacer-
doce selon Melchisedech & au sacrifice de la Messe:
La confirmation d'iceluy testament en la Passion de
Iesus christ, Sa resurrection & la participation de sa
satisfaction de son merite & de luymesme en la com-
munion Eucharisticque. Voyla nostre exercice fort
vtile & necessaire en nostre desert du caresme y dó-
ptant nostre chair & en faisant vn fidelle raisonna-
ble & volontaire sacrifice a Dieu eternel par le ieusne obserué selon la tradition de l'Eglise, nous y nour
rissant non de chair ny de chose qui en procede & en
prenne semence, mais de viandes dures & seiches requises au caresme, comme aussi l'austerité des veste-
ments pour y suyure le Lazare sainct & non le riche
voluptuaire damné, la cendre demandant la haire

poſt ſa compagnie: Ne mangeant qu'vne fois le iour par maniere de nourriture & à heure competente c'eſt à dire accouſtumee au lieu auquel nous demou-rôs, eſtant loiſible de retarder & non pas de deuācer & preuenir icelle heure de noſtre vnique refection: nous reglant touſiours ſelon la regle de la foy & de la droicte raiſon laquelle veut que nous ſoyons ſaincts au ſainct temps de careſme pour le ieuſner ſalutaire-ment: comme auſſi que ce qu'eſt inſtitué pour chari-té ne la deſtruiſe empeſcheant ſes actions par trop auſterement ieuſner ou veiller faiſant à Dieu ſacrifi-ce de rapine, ce qu'eſt peché. Car ne pouuant ſeruir a deux maiſtres contraires il faut euiter tout peché & eſtre en la grace de Dieu pour bien & ſalutairement ieuſner, fuiant la contagion des dereglements de la chair du monde & du diable par leſquels il taſchea de rendre inutil le ieuſne de Ieſus Chriſt lequel le confondant il nous enſeignea comment il faut faire pour bien ieuſner le careſme & ramporter la victoire du Diable, ſçauoir eſt y adorer Dieu eternel de tout ſon cœur, & y ſeruir a luy ſeul ſelon ſa diuine parole & ſon ſainct & ſanctifiant commandement.

A iceluy ſoit toute gloire & benediction. Amen.

ADVER-

ADVERTISSEMENT.

A difficulté la grandeur & la necessité fait
souuent que, *de ties repetita placent*, Pourquoy ceux qui enseignent ou exhortent,
soit par parole ou par escrit, doiuent souuent repeter vne mesme chose, pour l'inculquer &
l'imprimer en ceux qu'ils instruisent. Sainct Paul a
escrit cela de luy-mesme vers les Philippiens, 3. c. Et
Iesus Christ la pratiqué souuent, pour nous retirer
du monde, & nous façonner selon la droicte raison,
la verité & la grace de l'Euangile. Ce que faict pa-
reillement l'Eglise enseignee, & côduite par le sainct
Esprit, quand chaque iour du sainct temps de caresme
me elle en repete la necessaire obseruation, par diuerses traditions oraisons exhortations & recom-
mandations. Pourquoy que aucun ne trouue estrange si en ce traicté du sainct temps & ieusne de caresme
me, nous en repetons souuent la necessité l'excellen-
ce & le fruict : Ayant faict cela deliberement, pour
en monstrer la grandeur & la necessité en nostre téps
principallement libertin mondain & charnel : Auquel la saincteté & l'vtilité du ieusne de caresme est
cognuë & obseruee de bien peu, d'ou vient vn tres-
grand mal en la Chrestienté. Car les grands prelats,
princes & seigneurs n'apprehendant & n'obseruant
le sainct temps & ieusne de caresme comme ils doyuent faire, ils sont suyuis dangereusement de leurs
subiects, ausquels ils doyuent vne edification : y ayât
vne plus grande obligation, la transgression de laquelle sera plus punie de Dieu eternel, lequel me-

D

nisse les grands d'vne plus grande punition que les petits. Car les superieurs doyuent exemplairé de vertu à leurs inferieurs: Comme aussi les maris à leurs femmes, les peres & meres à leurs enfans, & les maistres & maistresses à leurs seruans & seruantes, desquels ils seront comptables au Iugement de Dieu eternel, lequel les a eleuez par dessus leurs subiects & inferieurs. Il faut donc que tous confessent la grandeur & la necessité du ieusne de caresme & l'obseruation d'iceluy, chacun s'y comportant selon la foy & la droicte raison.

Voyez nostre Traicté du ieusne de Caresme contre Caluin: Comme aussi noz Sermons & plusieurs autres noz escrits touchant le caresme, & les choses requises pour bien l'obseruer.

AVTRE ADVERTISSEMENT
de se donner garde des empeschemens les-
quels Satan baille ordinairement contre
la necessaire obseruation du Sainct
temps de Caresme.

A trop grande & tres-inique haine & malice de Satan côtre Dieu eternel, comme aussi son enuie enragee contre les hommes est cognue en cela, qu'il tasche tousiours d'empescher ou d'obscurcir la cognoissance & l'action des choses, qui appartienent à la gloire de Dieu & au salut des hommes. C'est pourquoy scachant & experimentant en luymesmes le mal du peché & de l'abus des dons & des graces de Dieu eternel par negligence desobeissance & l'amour de soymesmes sa ruine: Il ne cesse d'y ietter le sursemé de la zizanie & de la contagion de sa corruptió, aueuglant & ensorcelant ceux qui ne se tiennent sur leurs gardes, espiant tous & les brouillant en eux mesmes, és actions qui leur sont plus necessaires & salutaires. C'est pourquoy comme au Paradis terrestre il separa noz premiers parens d'auec Dieu, par la contagion de l'amour de soymesmes, en la transgression de son commandement: Ainsi tousiours depuis il a continué. Ce que mesmes il osa bien faire à l'endroict de Iesus Christ ieusnant au desert, taschant ainsi de souiller son ieusne & le rendre desagreable à Dieu son pere, Il ne faut donc pas trouuer estrange, si comme par l'amour des choses temporelles & principalement charnelles, il empescha de venir au banquet

dès nopces les téporels mondains & charnels : Ainsi
aussi il empesche à present plusieurs de ieusner & celebrer le sainct temps de caresme par les mesmes raisons : Comme nous voyons plusieurs y estre plus
addonnez aux choses temporelles que en vn autre
temps. Car les vns entreprennent voyages non necessaires, les autres s'occupent à faire leurs iardins,
les autres font apprendre leurs filles à danser, & les
autres plaident plus qu'en vn autre temps, & les autres s'occupent à toutes choses mondaines & charnelles, laissant les sainctes predications, & les accou-
stumees obseruations quadragesimales: Ne conside-
rant que Dieu maudist leurs semblables, lesquels ne
vinrent à son banquet:& n'apprehendant que Satan
les empesche, & les faict perdre les graces & benedictions,lesquelles Dieu donne à ceux qui luy obeis-
sant en son Eglise, font & celebrent le sainct temps
de caresme. Lesquels seront heureux toute l'annee:
comme ceux qui celebrent le sainct iour du Dinian-
che, sont heureux toute la semaine suiuante : Et ceux
qui seruent à Dieu en leur ieunesse, sont heureux
le reste de leur vie: N'estans bourrelles en leurs con-
sciences par la recordation du temps mal employé en
choses vaines & iniques. Pourquoy comme Iesus
Christ se defendit, & surmonta toutes les tentations
de Satan par la parole de Dieu eternel: Ainsi les predications sont ordonees au sainct temps de caresme,
pour enseigner & fortifier les Chrestiens contre
toutes telles diaboliques tentations: leur enseignant
l'intention de l'Eglise (desquels les sinceres predicateurs sont la bouche) au sainct temps de caresme,
remonstrant le bien qui vient de l'obseruation d'ice-

luy, & le mal du mespris & de la transgression qu'en
font les reprouuez & infidelles. Lesquels ressem-
blent à ceux qui n'ayāt rien semé de bien, ils ne peuuent recueillir que regret peine & tristesse. En quoy
ie compatis à la misere des pauures laboureurs, lesquels ne faisant le caresme, ils courent par apres toutes nuicts faisāt processiōs par leurs vignes & chāps,
& souuent inutilement: Ce que ne seroit ainsi , s'ils
cussent bien faict & celebré le sainct temps de caresme: Mais c'est la malice de Satan, qui aueugle & en-
dort és choses mondaines & charnelles iustement
ceux, qui mesprisent & delaissent Dieu, sa parole, &
ses commandements : ayant lors vne tristesse', & faisant inutile penitence, au lieu qu'ils deuroyent, comme les vierges prudentes, estre receus en ioye eternelle auec l'espoux Iesus Christ: Lequel nous aduer-
tissant de la malice de Satan , & nous armant à l'en-
contre, il dict: voyez, veillez, & priez. S. *Lvc.21.c.*
A iceluy soit gloire à iamais. Ainsi soit-il.

FIN.